AF296128

LETTRE

A MONSIEUR PAESIELLO,

MAITRE DE CHAPELLE

DE SA MAJESTÉ SICILIENNE,

PAR LES AMATEURS DE LA *MUSIQUE DRAMATIQUE.*

(*La première intention des amateurs, en se réunissant pour faire cette lettre, avait été de la répandre et de consacrer l'opinion publique, qui formée enfin par la démonstration la plus claire la mieux prouvée fait s'évanouir et se dissiper devant elle les ténèbres qui masquent la vérité aux premiers magistrats, qui la cherchent. Mais la réflexion et la prudence sont inséparables du véritable amour des arts. On ne doit point , en servant une aussi belle cause, dont l'intérêt touche un théâtre d'un luxe nécessaire à la France, s'écarter des principes de sagesse du HÉROS, qui, en fixant ici la paix, nous fait apprécier mieux l'influence qu'elle doit avoir sur les arts. La publicité de ce petit ouvrage eut mieux convenu sans doute aux intriguants, qu'on y dévoile. Mais ils n'auront pas le plaisir de penser que prenant chacun des exemplaires de cette lettre pour en faire autant de torches de discorde, ils pourront armer les nombreux partisans qu'ils veulent irrévocablement s'attacher. Ce n'est pas un parti qu'il importe d'armer : c'est un gouvernement juste qu'il est urgent d'éclairer, On redoute les débats publics, parce qu'ils fomentent la haine : on provoque une discussion calme, parce qu'elle prépare une décision que la sagesse avoue. C'est donc à ceux*)

A

là seuls qui justifient la confiance publique, que doit être adressé cette lettre.

Ainsi, nous renfermant dans les bornes que prescrit une réserve prudente, c'est aux seules autorités que nous présentons un ouvrage fait pour les éclairer, en leur désignant les maux et le remede.

Le nombre des personnes auxquelles il est destiné a réglé la quotité d'exemplaires à tirer.)

Les amateurs de l'art enchanteur, à la gloire duquel se lie honorablement votre nom, s'unissent bien sincérement, M^r, aux artistes de cette capitale : ils saluent l'illustre Paesiello.

Ces deux classes de la société, les *exécutans* et les *écoutans,* n'en font qu'une, lorsqu'il faut rendre un hommage solemnel au maître célebre, dont les ouvrages créent de nouveaux plaisirs.

Les premiers, M^r, auront le bonheur de vous le présenter de vive voix : les seconds seront moins heureux sans doute; mais l'expression de leurs sentimens ne perdra rien de la chaleur qui les anime.

Le héros qui, par la force de ses armes, a rendu la paix à l'Europe, marque par son

discernement et par son goût, les premieres
époques du calme bienfaisant qu'il assure aux
arts. Déjà il a confondu ses vœux et ceux de
la France, en les unissant aux accens de vôtre
lyre. C'est à lui d'être près de vous, M^r, l'in-
terprête des amis de la *musique* : mais c'est
à eux de manifester le desir qu'ils ont, que la
confiance, qu'il a dans vos talens, le dispo-
sera à connaître les ressources que possede la
France, pour conserver le feu sacré, que
douze ans de ~~troubles~~ n'ont pu éteindre chez
un peuple digne des faveurs de *Polymnie.*

Les temples de cette aimable divinité des
cœurs sensibles se sont multipliés, il est vrai,
parmi nous : mais élevés par l'intérêt bien plus
que par l'amour, ils sont fondés, pour la plus
part, sur des spéculations plus favorables à
l'avarice, qu'elles ne peuvent être utiles à l'art.

Un *seul* a conservé les avantages inhérens
à son institution : un *seul* porte encore cette
empreinte de magnificence dont le marqua
Louis XIV : *seul* il a traversé les tems des
orages, pour arriver brillant encore d'un
grand éclat à ceux qu'immortalise BONAPARTE,

(4)

et pour attendre de lui le perfectionnement
dont il est susceptible. Le grand *opéra* français devra toute l'élévation de sa gloire à celui
qui saura donner aux sacrifices et aux dé-
penses que fait le trésor public, une direction
plus conforme aux vrais intérêts de l'art musical.

Permettez-nous, M^r, d'entrer dans quelques détails. Ils ne peuvent être étrangers à
celui qui compte pour beaucoup l'*expression*
et le *jeu* sur un théâtre, où les sujets des
ouvrages, qui s'y représentent, appellent et
rendent nécessaires tous les mouvemens dra-
matiques.

Les rois de France n'avaient pas, comme
les puissances d'Italie, lié les institutions
musicales aux institutions sociales. Nous n'en-
seignions pas la musique dans nos écoles :
nous n'avions pas de ces précieux conserva-
toires, où par une éducation soignée on
prépare les premieres forces de l'enfance, à
assurer celles de la virilité. On ne conçoit
point comment *Louis* ne sentit pas, en

créant l'académie royale de musique, qu'il fallait faire enseigner l'art dans les écoles de l'enfance, pour préparer les sujets, qui devaient un jour chanter et jouer à l'*opéra*. Cela paraît d'autant plus étonnant, que, dès son origine, ce spectacle était créé comme école de perfectionnement : or, le perfectionnement suppose des études préparatoires pour élever, par exemple, un chanteur au degré de perfection.

On ne peut excuser cet oubli, à moins qu'on ne pense qu'à cette époque, on pressentit que les maîtrises des cathédrales fourniraient assez de sujets convenables à *l'opéra*.

Il est vrai que ces établissemens religieux en ont donné, lorsqu'à la premiere révolution faite par *Rameau* dans la musique, l'art prépara les Français à devenir dignes des bienfaits d'une seconde. Celle-ci fut l'ouvrage de l'immortel *Gluck*. Il trouva dans les jeunes gens, que les cathédrales avaient fournis à l'*opéra*, une souplesse d'organes nécessaire à moduler le chant du sentiment et la brulante expression des passions. Il les forma lui-même

pour ses ouvrages. Ce compositeur *dramatique* s'immortalisa en unissant au genre de
la *féerie* et de la *mythologie*, riche domaine
de l'*opéra*, celui de la *tragédie-lyrique*. Il a
consacré la seconde révolution musicale par
les *Iphigénies*, *Alceste*, *Orphée*, *Armide*,
etc.....rien ne manque à sa gloire.....il ins-
pira le génie de l'auteur d'*Œdipe à Colonne*.

. Ces ouvrages exigerent le *chant en action*.
Nous avons l'obligation aux anciennes cathédrales de nous avoir préparé des sujets
capables de joindre à leur jeu l'expression et
l'accent des compositeurs. La difficulté d'imi-
ter les *chanteurs-acteurs*, sera-t-elle donc un
titre pour essayer de jetter du ridicule sur
l'énergie nécessaire à la tragédie-lyrique !

Plaisante tant qu'elle voudra l'impuissance :
il est constant et prouvé que les maîtrises des
cathédrales nous ont donné des *voix*, et que
l'espoir qu'il s'en formera renaît avec l'espoir
que ces écoles ouvertes, nous aurons des
chanteurs de force et de stature héroïques.

On a été très-mal éclairé dans des tems de
troubles, sur l'efficacité des moyens de sup-

pléer les cathédrales et de former des chanteurs.
Le conservatoire de Paris a été établi. (1) Son
existence, extrêmement onéreuse au tré-

---

(1) Le C. *Sarette* a franchi rapidement l'intervalle immense
qu'il y avait entre le point d'où il est parti, et le conservatoire où il est arrivé. La musique alors fut un moyen puissant
d'animer les Français à conserver les avantages de la conquête
de la liberté. Le C. *Sarette* s'attacha au service des artistes,
qui formerent le noyau d'une association musicale. Elle
lui parut devoir compenser la perte d'un petit emploi au
bureau de la marée. Des hommes à talens auxquels le mécha-
nisme de ses services était utile, penserent que l'art profiterait
des mouvemens d'un homme, qui paraissait dans le monde
avec le langage et les droits du moment. A l'ombre des services que la musique rendit aux armées, et qui demandaient
la conservation des moyens d'en prolonger l'énergique activité, cet homme parvint à se faire nommer directeur de
l'établissement auquel on donna le nom de conservatoire.
On était loin de se douter que l'on empruntait le mot à
l'Italie, sans prendre la chose. En effet, l'histoire de la
musique, le besoin d'en bien diriger l'enseignement, étaient
inconnus au C. *Sarette*. La moindre connaissance de l'art, de
faibles notions même en littérature lui ont toujours été, et
lui sont encore fort étrangeres. Cette absence du double
moyen nécessaire au chef administratif d'une école de
ce genre n'échappait point aux observateurs...... *Grétry* ,
inspecteur de l'enseignement, ne voulut pas rester long-tems
soumis aux passions de l'ignorance ; il cessa les fonctions

sor public, n'a rien produit encore, parce que les talens des grands maîtres, qui honorent l'art, y sont soumis à une organisation vicieuse. Le double essai de *Sémiramis* et d'*Arsace* en est la preuve. La gloire de *Gluck* et de *Sacchini* n'est pas partagée par celui, qui vient d'essaier de nous enrichir d'une *tragédie-lyrique* : rien n'annonce dans le jeune *Roland* qu'il puisse jamais représenter un héros; et la méthode de chant de ses maîtres ne suffit pas pour former un *Achille, etc....*

Elle est donc dispendieusement pouvée depuis 8 ans, cette combinaison vicieuse des élémens nécessaires à l'instruction musicale! et le moment approche, où un emploi mieux rai-

---

de sa place, et il ne fut pas le seul. *Laïs*, éloigné par l'intrigue, discontinua d'y donner des leçons de ce chant pur qui plait, parce que le public est convaincu que l'art n'est beau qu'en brillant sous les charmes de la nature. *Martin* et *Solier*, modeles précieux de l'aimable genre de chant de la grace et de la gaieté, furent toujours repoussés du conservatoire par un homme, qui ne sait pas que la variété des talens est la richesse des arts.

sonné de fonds considérables, utilisera la science
des professeurs distingués, qui rougissent de ne
servir qu'à l'ambition du C. *Sarette*, tandis
que leur patriotisme et leur zele les portent
à desirer de voir régler l'enseignement, et à
lui donner l'essor utile qu'il doit avoir.

Le C. *Sarette* convaincu depuis longtems
de son impuissance, a bien prévu qu'un
gouvernement sage, éclairé et ferme, vou-
drait soumettre à son examen une institution
formée dans un tems où l'intrigue menait à
la fortune. Impuissant par ses propres forces,
et faible de ses succès, il a donc voulu saisir
une égide.....il essaie de la trouver dans
l'*opéra*. Malheureusement ce spectacle est ad-
ministré dans le sens inverse de celui indiqué
par Louis XIV. C'était pour le préserver des
dangers des innovations que ce monarque en
avait confié le régime aux gentilshommes
de sa chambre. La révolution a amené un
ordre de choses, qui ne permettait gueres
de s'occuper des arts: des mains inhabiles en
enchainaient l'essor.

C'est ainsi que le C. *Sarette*, par les intri-

gues les plus soutenues, est parvenu à conserver à la tête de l'administration de l'*opéra*
le C. *Cellérier*, homme vendu au système de
soumettre ce théâtre à son ami. (1)

Ils avaient ensemble concerté leurs dispositions : *Sémiramis* faite par un jeune pro-
fesseur dévoué à exécuter toutes les volontés

---

(1) Le citoyen *Cellérier* avait déjà prouvé sa faiblesse et
la débilité de ses moyens pour diriger l'*opéra*. Il avait eu
précédemment ce spectacle à son compte. Les artistes furent forcés, dès la première année d'une carriere qui
devait durer trente ans, de demander à l'autorité d'alors
l'éloignement d'un homme, qui forme un déficit énorme et
qui, s'il convient aux arts de construction, n'a pas ce qu'il faut
dans le gouvernement d'un théâtre, où il est imprudent de se
former une *cotterie*, et où, en choquant l'amour propre, on
perd les avantages que procure le talent de le bien diriger au
profit des artistes mêmes.

Son rappel à l'*opéra* fit prévoir à ceux-ci que leurs maux
et leurs inquiétudes n'étaient pas à leur terme. En effet, il
les a multiplié. Il est prouvé par toute sa conduite, qu'il a
entiérement cédé à l'impulsion du citoyen *Sarette*, dont le
projet est de faire entrer l'*opéra* dans le conservatoire, afin de
donner à celui-ci un air d'abondance qui couvre et masque
l'infécondité d'une école que le gouvernement peut diriger
au profit des éleves à former par les soins des maîtres habiles, qui ont des droits à conserver les récompenses dues
à leur mérite et à leurs travaux.

de son protecteur; le rôle d'*Arsace* chanté par un éleve, devaient assurer et justifier de hautes prétentions. Mais la faiblesse des armes employées pour vaincre présageait la défaite.

Il serait peu séant, M^r, de battre ces deux champions à terre. Mais il est important de neutraliser des efforts constamment développés pour faire croire que l'art avoue l'enthousiasme payé des *amis*, des *proneurs*, et de quelques *journalistes vendus*, *qui ne semblent se coaliser que pour affaiblir l'influence des arts sur la prospérité publique, et pour dénigrer ceux qui les cultivent.*

Que pouvait opposer l'*opéra* à toutes les intrigues liées par le C. *Sarette*? Rien, M^r: la force d'inertie *seule* convenait à l'attitude des artistes, qui, appuyés sur la renommée de tant de maîtres, dont ils ont fait valoir les ouvrages, devaient attendre que le goût fit justice des attentats de l'ambition.

Mais se permettra-t-on d'entretenir encor l'espoir du citoyen *Sarette*? A-t-il des sujets prêts à remplacer ceux qu'il veut éloigner, en multipliant les dégoûts dont ils les fait abreuver, et que le public se plait à adoucir par les témoignages de sa bienveillance ? A-t-il conquis l'*opéra !* Brûlera-t-on les ouvrages immortels qui y sont toujours admirés ? *Enfin*, cet ambitieux mérite-t-il de diriger le *théâtre des Arts*, en l'identifiant avec soi, comme partie de son domaine ?

Non, s'écrie-t-on de toutes parts.

C'est lorsque Paris retentit de ces questions et de cette réponse, que votre présence donne une majeure importance à l'objet de nos craintes et de nos espérances. Apollon fut à peine descendu dans les campagnes d'*Admete*, que les bergers vinrent invoquer le dieu de la lumiere.

Vous marquerez et vous consacrerez, M^r. l'époque à laquelle un cri général demande une révolution administrative dans le régime auquel se trouve assujettie la musique.

Les révolutions, quelles qu'elles soient, ne se terminent et ne se perfectionnent, que quand une tête froide et sage a ordonné que tout système d'abstractions s'évanouirait, pour rendre la place à des institutions qui, quoique

bonnes, ne pouvaient point n'être pas anéan-
ties à ces époques convulsives, où la puissance
qui détruit le fait sans discernement.

L'empire musical en France devait donc
éprouver aussi ses agitations. Elles se pro-
longent, non-seulement par les motifs que
je viens de vous exposer, mais encor par l'af-
faiblissement de ce discernement fin et délicat
dans les arts, que le tumulte des camps ou
le bruit des armes devait préparer. Sous beaucoup de rapports l'instruction des français
demande de nouveaux soins. La paix permet
de les calculer sur l'influence qu'elle doit avoir
sur les arts : celui de la musique doit en
éprouver les bienfaits. L'union sincere de
trois peuples maintiendra sans doute l'union
des moyens que l'Italie et l'Allemagne ont
présentés, et que la France a saisis, pour élever la gloire de l'*opéra français* au degré de
perfection où il est. En effet, peut-on ou-
blier que nous devons à GLUCK *Iphigénie
en Aulide, Iphigénie en Tauride, Orphée,
Alceste, Echo et Narcisse, Armide*: à PIC-
CINI, *Iphigénie en Tauride, Didon, Roland*

et *Athys* : à SACCHINI, *Renaud*, *Chimène*, *Dardanus*, *Œdipe à Colone*, et *Arvire et Evélina* : à SALIERY, *les Danaïdes et Tarare* : à VOGEL, *la Toison d'Or et Démophon* : à LEMOINE, *Phœdre*, *Nephte et les Prétendus* : à GRETRY, *la Caravanne*, *Panurge*, *Anacréon*, *Andromaque*, *Aspasie et Colinette à la Cour* : à PHILIDOR, *Ernelinde et Persée* : à MOZART, *les Mysteres d'Isis* : à MÉHUL, *Adrien* : à FONTENELLE, *Hécube* : à KREUTZER, *Astianax* : à *Porta, les Horaces*.

Ce riche répertoire, domaine du gouvernement qui paie, on néglige à dessein d'en développer les trésors au public, afin de persuader que tous ces beaux ouvrages sont des antiquailles à remplacer par..... des *Sémiramis* !

Ces ouvrages sont une vraie mine d'or pour l'*opéra*. Mais on se garde bien de l'exploiter : ce serait présenter un objet de comparaison peu favorable aux *novateurs* : ce serait multiplier les preuves que des *chanteurs de genre*, que l'étude n'a point fait *acteurs*, ne pourront jamais lutter avec les *Laïs*, les *Lainez*, les *Adrien*, les *Maillard*, les *Ar-*

mand, qui sont en possession de faire passer chez les spectateurs les sentimens, que les compositeurs eux-mêmes leur ont appris à peindre et à colorier.

Ce répertoire est le sçeau de l'alliance faite entre la France, l'Italie et l'Allemagne. On tenterait en vain de l'effacer. Il consacre un pacte solemnel consenti par le goût et par le génie. Il est digne de vous, M^r, de contribuer à le maintenir : les progrès de l'art l'exigent. Jamais l'influence de l'autorité ne fut plus favorable.

Le général victorieux et pacificateur a senti le besoin de donner plus de force au traité musical fait entre les trois peuples : vous êtes avoué le plénipotentiaire de l'un et des deux autres : présentez-lui nos vœux; indiquez-lui les réformes que le bien de l'art exige, et démontrez-lui le besoin du rétablissement des écoles musicales. L'organisation des cultes, rétablit en France soixante cathédrales. Chacune d'elle peut avoir une *maîtrise*.

La dépense que le C. *Sarette* n'a point utilisée depuis huit ans, sera mieux employée, si elle est répartie sur chacune de ces écoles.

Les éleves qui en sortiront avec des dispositions pour le chant, entreront dans sept écoles de perfectionnement, dont six seront fixées dans les six plus grandes villes de France, parce que le luxe y favorise plus particuliérement le développement et les progrès des arts d'agrément. La septieme école de perfectionnement sera à Paris. Elle doit être divisée en trois sections, placées dans différens quartiers. Dans la premiere on enseignera le solfege et le chant; dans la seconde, les instrumens; dans la troisieme, la théorie musicale et la composition.

Un inspecteur général se rendra tous les ans dans les écoles premieres, y distinguera les éleves qu'il pourra faire passer dans les écoles de perfectionnement. Dans les visites qu'il fera de ces dernieres, il désignera les éleves qui conviendront à l'opéra.

Ce théâtre, école lyrico-dramatique, recevra ceux que des talens et des dispositions physiques auront fait distinguer. Il reprendra sous un maître de perfection du chant et

sous des maîtres de scene, les institutions qui
conserverent jusqu'aujourd'hui les traditions,
quï font encore l'admiration des étrangers,
charmés de l'éclat et de la magnificence de
ce spectale. Les professeurs habiles, que l'ambition du citoyen *Sarette* enchaîne , seront
libres de justifier le droit qu'ils ont aux faveurs
et à la protection du gouvernement.

Ainsi se neutraliseront les efforts que fait
un seul homme pour asservir à sa domina-
tion l'art musical en France. Ainsi sera dé-
truite la funeste influence que le C. *Sarette*
a acquise : Il commande l'asservissement de
l'*opéra* à l'autorité qu'il s'arroge.

Cette organisation de l'instruction musicale
en France aura de grands avantages : 1°. elle
placera promptement dans les écoles premieres un grand nombre d'enfans choisis
sains et vigoureux, qui, retenus par une éducation sévere, acquéreront, loin de la corruption, la force sans laquelle l'organe de
la voix ne se forme pas.

2°. Elle perfectionnera dans l'une des sept
écoles les éleves qui auront des dispositions,

3°. Elle consacrera un emploi fait avec discernement des fonds concentrés dans une capitale, où la dissipation et la corruption n'ont pas permis et ne permettront jamais aux enfans de profiter de la dépense, que fait depuis huit ans le gouvernement, pour former des voix au conservatoire de Paris.

4°. Elle aura l'avantage de faire choisir dans les divers climats de la France les genres de voix que la nature sait y varier.

Ces bienfaits d'un gouvernement éclairé et ami des arts, fonderont la prospérité de la musique en France, et assureront celle de l'*opéra*. Mais ces faveurs pour ce théâtre ne seront vraiment utiles, que quand une sage prévoyance aura changé le régime administratif auquel les circonstances ont forcé de le soumettre.

Les rois avait senti que l'autorité devait peser immédiatement, sur un spectacle, qui est une fête perpétuelle et nationale, qu'il renouvelle tous les jours, pour ainsi dire, à ses frais. L'*opéra* dépendant de la chambre, marcha rapidement à la perfection : l'*opéra* soumis à l'intrigue, s'est affaibli par le découragement des artistes, dont les travaux ne sont plus que le domaine de l'ambition.

Aujourd'hui que l'affermissement du bonheur public donne à l'autorité consulaire tout l'éclat et la puissance dont la confiance d'un grand peuple l'honore; aujourd'hui que les consuls ont près de leurs personnes des officiers chargés de faire les honneurs du Gouvernement, n'est-il pas à souhaiter que l'*opéra* retrouve enfin la protection et l'appui, qui inspiraient jadis à tous les art stes l'amour des devoirs, en même tems qu'ils leurs commandaient la confiance. (I)

---

(1) Les arts d'agrément, tels que ceux qui constituent essentiellement l'*opéra*, exigent que ceux qui s'y consacrent jouissent du calme moral, sans lequel les avantages physiques sont nuls, et les plus beaux moyens sans énergie.

L'inquiétude et le mécontentement qui l'a fait naître nuisent nécessairement à la physionomie vive et animée des jeux et des ris; et les passions ne se peignent bien au théâtre que sur les figures qu'animent des cœurs calmes et satisfaits. Ces dispositions heureuses à la scene peuvent-elles être celles de ceux qui, froissés par les mouvemens de l'ambition et de la cupidité, sont à la merci de celui

L'opinion est enfin prononcée sur la nécessité d'exécuter une mesure conservatrice d'un spectacle, qui ne doit pas avoir résisté aux orages de la révolution, pour s'anéantir à

---

qui les livre et de celui qui les achete? On réfléchit trop peu dans le monde sur les sacrifices qui ont été faits par l'universalité des sujets de l'*opéra*. Pour maintenir ce bel établissement et le porter, pour ainsi-dire, à travers de longues années jusque sous la main restauratrice de *Bonaparte*, combien parmi eux, après avoir tout vendu, et mourans de faim, venaient multiplier leurs hommages aux arts sur un théâtre où ils attendaient, sans murmures, des tems plus heureux ! La plûpart ont outre-passé le terme où leurs prédécesseurs, après quinze ans de service, obtenaient une retraite fixée par les réglemens. Leur activité se prolonge pour acquérir de nouveaux droits à la justice du gouvernement, et la plus vile intrigue leur arracherait l'espoir qui seul les soutient ! *NON, l'art de réparer marche enfin avec l'art de vaincre.*

Cette vérité est consolante pour les arts : mais elle déplait sans doute à celui qui, en la redoutant, veut étendre ce qu'elle a d'amere pour lui, sur ces maîtres habiles, chéris du public, qui n'avilirent jamais leurs talens en avouant les principes d'un système oppressif, qui engourdit, énerve, et qui ne répare pas les maux d'une lacune de dix ans dans l'institution musicale.

Non, ce n'est point à eux que s'adresseront jamais les

l'époque de la régénération générale. Le public se réunit aux amateurs, pour demander
que l'on releve les espérances affaiblies , et
presque détruites , de voir des successeurs aux

---

reproches mérités par celui-là *seul*, qui, ne partageant pas
leur gloire , attire sur lui *seul* les reproches dus à l'impéritie
et à l'intrigue.

Qu'il ne fasse donc point écrire que c'est insulter au Gouvernement, que de dévoiler les vices d'une institution qui,
par quelques avantages, ne compense pas les inconvéniens
qui, depuis huit ans, sont payés trop cher par le trésor
public. *La vérité ne déplaît qu'à celui qui la craint : son éclat
est précieux pour l'autorité qui la cherche.*

Honneur à tous ceux dont les cœurs échauffés par le
génie varient nos plaisirs en faisant passer dans nos âmes
les émotions douces du sentiment, ou caractérisent des passions fortes, dont la peinture nous éleve à de grandes idées.
Le flambeau de la vérité , s'il perce des ténebres, jete aussi
un nouvel éclat sur la renommée des *Gossec* , des *Grétry* ,
des *Méhul*, des *Lesueur*, des *Chérubini*, des *Martini* , des
Dalleyrac, etc.... Il éclaire l'intrigue. C'est à sa lumiere que
nous discernons la fausseté des inculpations faites aux chanteurs de l'opéra. On les accuse, pour les rendre odieux ,
de ne vouloir point admettre des chanteurs , et de repousser
tous ceux qui se présentent ! C'est une absurdité. La pension
de retraite à laquelle ils ont acquis des droits , par leurs
services, se paiera-t-elle, si l'établissement ne se perpétue

artistes formés par les anciennes écoles. Ce n'est donc qu'en les rétablissant promptement que la France mettra à la place du systême infécond et stérile du citoyen *Sarette*, des écoles dont les succès arrêteront des maux, que le tems perdu pour l'éducation musicale, rend très-prochains ; puisque les artistes actuels chantans de l'*opéra* sont les derniers des sujets

---

pas par les talens? N'ont-ils pas le plus grand intérêt d'apercevoir dans des successeurs la même garentie de retraite qu'ils assurent, par leur activité, à ceux qui les précéderent ? L'intérêt est la mesure des actions des hommes. On ne parle ici de cette absurde accusation que pour démontrer que l'ignorance n'enseigne pas bien à la mauvaise foi la route qu'avec de l'esprit pourraient tenir les méchans. Un grand motif d'inquiétude existe pour les artistes chanteurs de l'opéra ; c'est de voir qu'une lacune de douze ans dans l'instruction musicale n'a pu que faire croître la crainte qu'ils ont, de ne pas avoir assez promptement des successeurs auxquels ils puissent transmettre les traditions qu'ils tiennent des grands compositeurs : et cette sollicitude les honore. Elle leur garantit l'estime, récompense plus flatteuse sans doute que ne peut l'être un hommage commandé par la crainte, chez des souscripteurs de buste, qui n'osent rompre la chaîne qui les asservit, et s'écrier : LA LIBERTÉ SEULE A DES DROITS SUR LES ARTS !......

Nota. Le C. *Sarette* a fait faire une souscription dont l'objet est de lui ériger un buste.

fournis par les cathédrales et par la musique de chapelle du roi ; et qu'après eux, cet établissement nécessaire au luxe de la France s'écroulera faute de soutiens.

C'eut été pour notre pays , M^r , un double avantage, si, dans l'organisation de nos écoles premieres, on eut lié l'instruction musicale aux institutions sociales. Il semble que le caractere vif et gai des Français faisait aux législateurs une loi de donner à ce peuple les moyens de se bien diriger dès l'enfance dans le culte qu'il aime à rendre à *Polymnie*.

La nation s'honorera , M^r , de vous avoir pour interprete de ses sentimens auprès de celui qui marque tous ses pas par les mouvemens qu'il donne à la prospérité publique , et aux arts.

FIN.

www.ingramcontent.com/pod-product-compliance
Ingram Content Group UK Ltd.
Pitfield, Milton Keynes, MK11 3LW, UK
UKHW022245070726
13613UKWH00005B/2116